CELEBRANDO TODAS LAS HABILIDADES

POR ABBY COLICH

BLUE OWL
EN ESPAÑOL

TIPS PARA LOS MAESTROS Y LOS PADRES DE FAMILIA

El aprendizaje social y emocional (SEL, por sus siglas en inglés) les ayuda a los niños a manejar sus emociones, aprender cómo sentir empatía, crear y lograr metas, y tomar buenas decisiones. Las lecciones y el firme apoyo en SEL ayudarán a que los niños establezcan hábitos positivos en la comunicación, cooperación y en la toma de decisiones. Mediante la incorporación de SEL en la lectura temprana, los niños aprenderán la importancia de aceptar y celebrar a todas las personas en sus comunidades.

ANTES DE LA LECTURA

Hable con los lectores acerca de las habilidades. Explíqueles que las habilidades tienen que ver con las capacidades que alguien tiene. Conversen sobre el hecho de que estas incluyen aptitudes físicas, mentales y sociales.

Analicen: ¿Cuáles dirías que son tus habilidades? ¿Qué cosa no eres capaz de hacer?

DESPUÉS DE LA LECTURA

Hable con los lectores acerca de las maneras en que ellos pueden celebrar lo que los distingue de los demás.

Analicen: ¿Cuál es una de las maneras en que puedes aceptar la habilidad o discapacidad de otra persona? ¿Por qué es bueno para una comunidad que acepte a los demás?

LA META SEL

Es probable que los niños hayan escuchado decir que no deben burlarse de otros o excluirlos por ser diferentes, pero puede que no entiendan el motivo. Hable con los lectores acerca de la importancia de la empatía en el proceso de aceptación y celebración de las diferencias que existen en los demás. Pídales que imaginen lo que se siente ser excluidos por ser diferentes o cuando se burlan de sus incapacidades. Haga una lista de estos diferentes sentimientos. Luego, pídales que anoten los sentimientos que ellos tienen cuando son incluidos y aceptados. Explíqueles que nuestras comunidades son mejores cuando todos son aceptados e incluidos.

TABLA DE CONTENIDO

CAPÍTULO 1

¿CUÁLES SON TUS HABILIDADES?

¿Sabes dibujar personajes de un cómic? ¿Sabes escuchar muy bien? Quizá te va muy bien en los deportes. ¡Estas son tus **habilidades**! Son tus talentos o las cosas que haces bien.

Todos tenemos una habilidad, o un poder, para hacer cosas. Las habilidades pueden ser muy diferentes. Meg no puede ver. ESTÁ BIEN. Ella conoce sus habilidades. Es una gran lectora. ¡Todos somos buenos en algo!

braille

Todas las personas en tu **comunidad** tienen diferentes habilidades. Cuando las celebramos y trabajamos juntos, podemos lograr mucho. El salón de clases de Tim pone en escena una obra de teatro. Tim es un gran líder. Él dirige la obra de teatro. ¡Carter tiene el personaje principal! Giana es tímida. A ella no le gusta actuar. Pero le encanta pintar. ¡Ella ayuda a preparar el escenario!

escenario

CAPÍTULO 2

RESPETA TODAS LAS HABILIDADES

Cuando Mark gana el concurso de ortografía, Mía se pone celosa. Pero ella le dice a Mark: "¡Bien hecho!". Mía es una buena perdedora. Respeta a Mark y el hecho de que él ganó.

Aprender a desarrollar la **empatía** y a mostrarla es una manera de demostrar respeto. Liam se da cuenta de que Mitch está molesto. No lo aceptaron en el equipo de fútbol. Liam recuerda una ocasión en que él también se sintió molesto y excluido. Le dice a Mitch que entiende cómo se siente. No **presume** el hecho de que a él sí lo aceptaron en el equipo.

Algunas personas tienen **discapacidades**. ¡Las personas con discapacidades también tienen habilidades increíbles! Marvin no puede caminar, así que usa una silla de ruedas. ¡Él rueda muy rápido! Ha practicado para competencias. ¡Ha ganado muchas de ellas!

PREGUNTA PRIMERO

Cuando veas a alguien con una discapacidad, puede que quieras ayudar a esa persona. Siempre pregunta primero. Las personas con discapacidades a menudo pueden hacer lo mismo que tú puedes hacer sin ayuda.

Hay algunas discapacidades que no podemos ver. Susana tiene **TDAH**. ¡Ella es una maravillosa cantante! Canta en el coro con su salón de clases. Las personas son mucho más que sus habilidades y discapacidades.

CONOCE MEJOR A LOS DEMÁS

Habla con alguien nuevo. Hazle preguntas acerca de su vida. Averigua lo que ustedes tienen en común. Conocer mejor a los demás te ayudará a entenderlos. Puede que te des cuenta de que ustedes son más parecidos de lo que imaginabas.

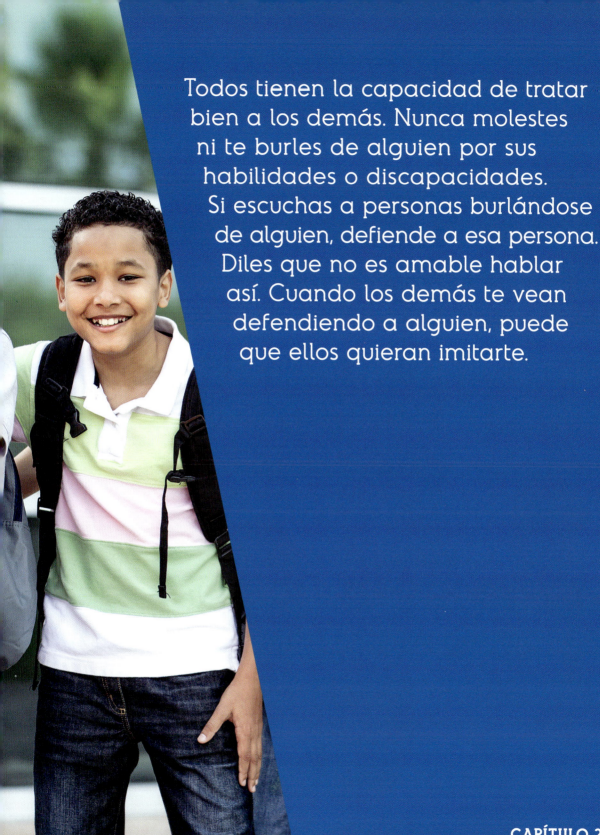

Todos tienen la capacidad de tratar bien a los demás. Nunca molestes ni te burles de alguien por sus habilidades o discapacidades. Si escuchas a personas burlándose de alguien, defiende a esa persona. Diles que no es amable hablar así. Cuando los demás te vean defendiendo a alguien, puede que ellos quieran imitarte.

CAPÍTULO 3

CELEBRA TODAS LAS HABILIDADES

Todos tenemos habilidades. Averigua cuáles son las habilidades de quienes te rodean. ¿Qué hacen bien los compañeros de tu salón de clases? ¿Puedes compartir algunas de tus habilidades con ellos?

Lea es fantástica en ortografía. Ella se da cuenta de que Sam necesita ayuda. Lea le pone una prueba para ayudarlo a practicar sus palabras. Después, Sam le ayuda a Lea con su tarea de matemáticas.

Hay muchas maneras de utilizar las habilidades de todas las personas. Por ejemplo, todos los jugadores de un equipo deportivo tienen diferentes habilidades. Ellos se unen para poder jugar. ¿Tienes algún proyecto de grupo en la escuela? Usa las habilidades de todos para terminarlo.

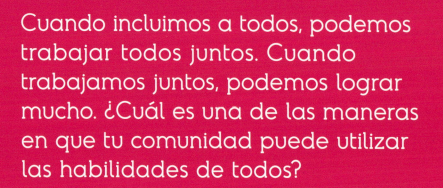

Cuando incluimos a todos, podemos trabajar todos juntos. Cuando trabajamos juntos, podemos lograr mucho. ¿Cuál es una de las maneras en que tu comunidad puede utilizar las habilidades de todos?

COMPARTE TUS HABILIDADES

¿Qué haces bien? ¿Qué te gusta hacer? Escribe o dibuja tus habilidades. ¿Cómo puedes celebrarlas y compartirlas con los demás?

METAS Y HERRAMIENTAS

CRECE CON LAS METAS

Aceptar a todas las personas, sin importar cuáles sean sus habilidades o discapacidades, es importante. Enfocarse en las cualidades de otras personas te ayudará a aceptarlas.

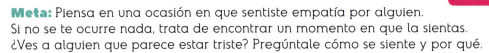

Meta: Nombra algunas cosas que son más importantes que las habilidades de las personas. ¿Por qué debes recordar estas cosas cuando estés conociendo mejor a alguien?

Meta: Piensa en una ocasión en que sentiste empatía por alguien. Si no se te ocurre nada, trata de encontrar un momento en que la sientas. ¿Ves a alguien que parece estar triste? Pregúntale cómo se siente y por qué.

Meta: Conoce mejor a alguien con quien no hayas hablado mucho en el pasado. Trata de encontrar algo que ustedes dos hagan bien y que disfruten hacer.

REFLEXIÓN ESCRITA

Aceptar tus habilidades puede ayudarte a aceptar a quienes te rodean.

1. ¿Qué haces bien o qué te gusta acerca de tu manera de ser?

2. ¿Cuál de tus talentos te gustaría mejorar?

3. ¿Cuál es una de las cosas que puedes hacer para aceptar más a los demás?

GLOSARIO

comunidad
Un grupo de personas que tienen todas algo en común.

discapacidades
Condiciones físicas, mentales, cognitivas o de desarrollo, que limitan la habilidad que tiene una persona para hacer ciertas tareas.

empatía
La habilidad para entender y ser sensible a los pensamientos y sentimientos de los demás.

habilidades
Las aptitudes o los poderes mentales o físicos para hacer cosas.

presume
Se cree más o habla o actúa de cierta manera para impresionar a los demás.

TDAH
Abreviatura de trastorno por déficit de atención e hiperactividad; un grupo de comportamientos, incluyendo la inquietud, demasiada actividad y la dificultad para concentrarse, que pueden interferir con el aprendizaje.

PARA APRENDER MÁS

Aprender más es tan fácil como contar de 1 a 3.

1. Visita www.factsurfer.com

2. Escribe "**celebrandotodaslashabilidades**" en la caja de búsqueda.

3. Elige tu libro para ver una lista de sitios web.

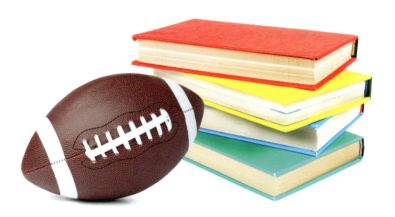

ÍNDICE

Blue Owl Books are published by Jump!, 5357 Penn Avenue South, Minneapolis, MN 55419, www.jumplibrary.com

Copyright © 2021 Jump! International copyright reserved in all countries. No part of this book may be reproduced in any form without written permission from the publisher.

Library of Congress Cataloging-in-Publication Data

Names: Colich, Abby, author.
Title: Celebrando todas las habilidades / por Abby Colich.
Other titles: Celebrating all abilities. Spanish
Description: Minneapolis: Jump!, Inc., [2021]
Series: Celebrando nuestras comunidades
Includes index. | Audience: Grades 2-3
Identifiers: LCCN 2020023937 (print)
LCCN 2020023938 (ebook)
ISBN 9781645276760 (hardcover)
ISBN 9781645276777 (paperback)
ISBN 9781645276784 (ebook)
Subjects: LCSH: Ability—Juvenile literature. | Emotions—Juvenile literature. | Social learning—Juvenile literature.
Classification: LCC BF723.A25 C6518 2021 (print) | LCC BF723.A25 (ebook) | DDC 153.9—dc23

Editor: Jenna Gleisner
Designer: Michelle Sonnek
Translator: Annette Granat

Photo Credits: baranozdemir/iStock, cover (left); Patrick Foto/Shutterstock, cover (right); Max Topchii/Shutterstock, 1; Ronnie Chua/Shutterstock, 3; Mark Nazh/Shutterstock, 4; Wavebreak Media ltd/Alamy, 5; Shutterstock, 6–7; Blue Jean Images/Alamy, 8; Motortion Films/Shutterstock, 9; FatCamera/iStock, 10–11; SpeedKingz/Shutterstock, 12–13; kali9/iStock, 14–15; Gelpi/Shutterstock, 16 (left); aldegonde/Shutterstock, 16 (right); Dragon Images/Shutterstock, 17; Konstantin Chagin/Shutterstock, 18–19; SDI Productions/iStock, 20–21; New Africa/Shutterstock, 23 (left); ArtemSh/Shutterstock, 23 (right).

Printed in the United States of America at Corporate Graphics in North Mankato, Minnesota.